¿Quién fue Celia Cruz?

Pam Pollack y Meg Belviso
ilustraciones de Jake Murray
traducción de Yanitzia Canetti

Penguin Workshop

Para Roberto Ponce Vargas—PP

Para Cara—MB

Para Tracy, gracias por usar el don de tu voz para traer algo de alegría a quienes te rodean durante los tiempos difíciles—JM

PENGUIN WORKSHOP
Un sello editorial de Penguin Random House LLC, Nueva York

Publicado por primera vez en los Estados Unidos de América por Penguin Workshop, un sello editorial de Penguin Random House LLC, Nueva York, 2020

Edición en español publicada por Penguin Workshop, un sello editorial de Penguin Random House LLC, Nueva York, 2023

Derechos © 2020 de Penguin Random House LLC
Derechos de la traducción en español © 2023 de Penguin Random House LLC
Traducción al español de Yanitzia Canetti

Penguin respalda los derechos de autor. Los derechos de autor alimentan la creatividad, fomentan las voces diversas, promueven la libertad de expresión y crean una cultura vibrante. Gracias por comprar una edición autorizada de este libro y por cumplir con las leyes de derechos de autor al no reproducir, escanear ni distribuir ninguna parte de él en ninguna forma sin permiso. Está apoyando a los escritores y permitiendo que Penguin continúe publicando libros para todos los lectores.

PENGUIN es una marca comercial registrada y PENGUIN WORKSHOP es una marca comercial de Penguin Books Ltd. Who HQ & Diseño es una marca registrada de Penguin Random House LLC.

Visítanos en línea: penguinrandomhouse.com.

Los datos de catalogación de la publicación de la Biblioteca del Congreso están disponibles.

Impreso en los Estados Unidos de América

ISBN 9780593658222   10 9 8 7 6 5 4 3 2 WOR

El editor no tiene ningún control y no asume ninguna responsabilidad por el autor o los sitios web de terceros o su contenido.

Contenido

¿Quién fue Celia Cruz?............... 1

Canciones de cuna y el Carnaval....... 7

Opciones de vida................. 18

Avanzando con empeño.............. 24

La Sonora Matancera............... 32

Una nueva Cuba.................. 42

Sin vuelta atrás................... 52

Celia y Tito..................... 61

¡Azúcar!....................... 68

Ciudadana del Mundo............... 79

Celia para siempre................. 93

Cronologías.................... 106

Bibliografía.................... 108

¿Quién fue Celia Cruz?

Celia Cruz se despertó temprano un sábado por la mañana de 1947 en La Habana, Cuba. Fue un día emocionante. Antes, su primo Serafín la había sorprendido inscribiéndola en un concurso de canto. Pensaba que su prima tenía el talento suficiente para ganar.

El concurso era para un programa de radio llamado *La hora del té*. A Celia le encantaba escuchar el programa. A su familia también. Celia tenía 22 años y desde niña le había gustado cantar, pero nunca había aparecido en un escenario ni en la radio. Miró hacia el patio de su casa y hacia las otras casas de su calle. Todo estaba cubierto de rocío. Pensó que esto hacía que su vecindario brillara como un vestido de lentejuelas.

Se puso un vestido blanco, unas medias

blancas y unos bonitos zapatos blancos. Su madre peinó su cabello oscuro en un moño y lo fijó con una hermosa peineta. Luego Celia y Serafín se montaron en la guagua que los llevaría hasta la emisora, a 12 cuadras. En sus manos Celia llevaba sus claves, palos de madera que hacía chocar para mantener el ritmo mientras cantaba.

Al llegar a la estación de radio, había muchos concursantes esperando, casi todos mayores que Celia. Cuando llegó su turno, cantó una canción llamada *Nostalgia*, mientras tocaba sus claves. Una vez que comenzó a cantar, se olvidó de los otros concursantes y de la competencia. Simplemente disfrutaba de la canción. Se sorprendió mucho cuando ganó el primer premio.

Por el primer premio recibió un pastel de una de las mejores dulcerías de La Habana. Cuando ella y Serafín tomaron el autobús de regreso, colocaron la caja del pastel en sus regazos para que no se aplastara. Su familia era muy pobre y nunca había visto un pastel en una caja tan elegante. No podían esperar para verlo, y abrieron la caja en el autobús.

El pastel estaba cubierto de glaseado blanco

con flores de colores. Era tan delicado que parecía hecho de encaje. Celia y Serafín disfrutaron de su delicioso olor antes de volver a cerrar la caja.

Cuando llegaron a la casa, Celia encontró a toda su familia esperándola en el porche.

Vitorearon cuando la vieron. Abrió la caja y todos compartieron el hermoso pastel. Celia nunca olvidó lo rico que estaba.

No fue solo el hecho de ganar lo que la hizo sentir bien. A Celia le había encantado cantar en

el concurso. Estaba ansiosa por hacerlo de nuevo. No se podía imaginar que un día cantaría para multitudes de todo el mundo.

CAPÍTULO 1
Canciones de cuna y el Carnaval

Celia Cruz nació en La Habana, Cuba, el 21 de octubre de 1925. Su nombre completo era Úrsula Hilaria Celia Caridad Cruz Alfonso. Su padre era Simón Cruz y su madre, Catalina Alfonso, pero todos la llamaban Ollita.

Cuba

La República de Cuba es la isla más grande del Caribe. La Habana es su capital. La isla está en el lugar donde se encuentran el Mar Caribe, el Océano Atlántico y el Golfo de México, al sur del estado de la Florida, en Estados Unidos.

Los primeros habitantes de Cuba fueron los siboneyes y taínos. La isla fue colonizada por

los españoles a finales del siglo XV y fue colonia española hasta 1898 cuando se independizó tras la Guerra Hispanoamericana.

Cuba es un país con una población muy variada. Entre ellos, descendientes de los taínos y siboneyes, descendientes blancos de los españoles y descendientes de negros esclavos traídos desde África y otras islas del Caribe.

El barrio donde Celia vivía era muy pobre. La mayoría de las personas allí, entre ellas Celia y su familia, eran afrocubanos, descendientes de esclavos africanos traídos a Cuba por los españoles que se establecieron allí a finales del siglo XV.

Celia y su familia eran muy unidos. Ella era la segunda de cuatro hermanos. Tenía una hermana mayor, Dolores, un hermano, Bárbaro, y una hermana menor, Gladys. Una de las tías de Celia, Tía Ana, siempre la trataba como si fuera su hija.

En la casita del barrio de Santos Suárez, en La Habana, vivía mucha gente. La familia se componía no solo de Celia, sus padres y sus hermanos, sino también de su abuela y de muchos otros parientes. La madre de Celia a menudo cantaba mientras cocinaba platos tradicionales cubanos como: arroz blanco, frijoles negros, papaya y plátanos maduros fritos y ropa vieja, que era un guiso de carne de res desmenuzada.

Todos en la casa tenían sus tareas. Cuando se

hizo mayor, una de las tareas de Celia era acostar a los niños más pequeños cada noche. Tenía que darles un baño y acostarlos. Una vez que estaban en la cama, siempre les cantaba una canción de cuna. Pero las canciones de cuna de Celia nunca

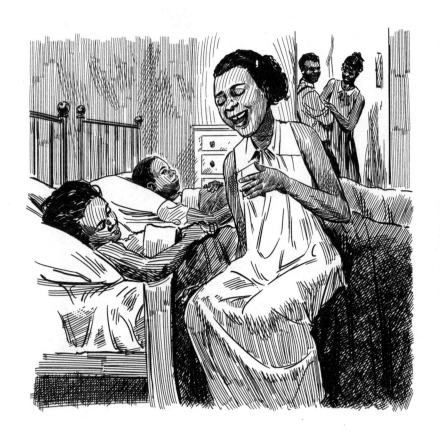

los durmieron. ¡Los niños siempre querían más! Los vecinos se reunían fuera de la ventana cada noche. Ellos también querían escucharla. Su voz ya estaba atrayendo multitudes en el vecindario.

A veces los padres de Celia le pedían que cantara para sus amigos. Ella era tímida, pero le gustaba tanto cantar que lo superaba para actuar. Nadie amaba más el canto de Celia que su primo Serafín. Él creía que era tan buena como para cantar profesionalmente. Pero tal sueño parecía imposible para una niña pobre afrocubana de La Habana.

Los padres de Celia eran muy protectores. No le permitían que saliera sola casi nunca. Iba a la escuela con sus amigos, y cuando llegó a la adolescencia, la llevaban a los bailes de la escuela. Pero Celia anhelaba ir al Carnaval.

Cada año, en el Carnaval, las calles de La Habana se llenaban de gente bailando y cantando. Cuando Celia tenía 14 años, fue con

El Carnaval

El Carnaval es una celebración anual en La Habana. Tiene su origen en la Italia medieval y celebra el tiempo anterior a la Cuaresma. Durante la Cuaresma, los católicos no deben comer carne, y a veces también renuncian a sus comidas favoritas. Por eso el Carnaval era una fiesta que tenían antes de que comenzara la Cuaresma.

El Carnaval se celebra en La Habana desde 1573. La gente desfilaba por las calles disfrazada, montaba en carruajes y bailaba. Cuando los esclavos fueron traídos a Cuba, la población negra finalmente se unió al desfile, agregando instrumentos y danzas africanas.

sus amigos al Carnaval, pero no se lo dijo a sus padres. Sabía que pensaban que no era seguro. Su padre, especialmente, pensaba que las niñas solas podrían meterse en problemas, o incluso perderse entre la multitud. Pero Celia lo pasó de maravilla. Cuando llegó a casa, se sentía culpable por mentir. Así que, a la mañana siguiente, le confesó a su Tía Ana lo que había hecho.

"Si prometes no volver a salir sin un adulto", dijo su tía, "te llevaré". Así que Celia volvió al Carnaval la noche siguiente. Cuando llegaron a casa, la madre de Celia les guiñó un ojo. Ella sabía dónde habían estado.

Esa noche Celia tuvo un sueño en el que era la Reina del Carnaval. Se vio con un vestido blanco suelto, su cabello recogido en un moño y su cabeza coronada con una corona de flores. Cuando se despertó a la mañana siguiente, se preguntó si su sueño se haría realidad algún día.

CAPÍTULO 2
Opciones de vida

A Celia le encantaba cantar, pero sabía que cuando creciera iba a ser maestra. Ese era el sueño de su padre para ella. Enseñar era un trabajo bueno y respetable. Cuando se graduó de la escuela secundaria, ingresó a una escuela de magisterio en

La Habana. La educación en Cuba era gratuita, por lo que Celia no tenía que pagar para asistir.

Cuando tenía 22 años y todavía estaba en la escuela, ganó el primer premio en un concurso de canto en la radio. Después, participó en otros concursos. ¡Y a veces ganaba! Sus premios eran pequeños: jabón, barras de chocolate y leche condensada. Para ella, estos eran valiosos. Aunque había personas ricas en Cuba, la mayoría era pobre. Era difícil encontrar trabajo. Los negros, como Celia y su familia, tenían los trabajos peor pagados. El padre de Celia era un ferroviario que

paleaba carbón en las calderas de los trenes. Tenía que mantener a una familia numerosa con su salario, no solo a sus cuatro hijos y a su esposa, sino también a otros parientes que vivieron con la familia en diferentes momentos.

Cuando Celia ganó 15 pesos (unos 89 centavos en ese momento), se emocionó. Usó el dinero para comprar los libros que necesitaba para sus

estudios en la escuela de magisterio. A menudo Celia no tenía dinero para ir en tranvía a los concursos de las estaciones de radio. La ciudad de La Habana cubría más de 280 millas cuadradas, y Celia viajaba por toda ella. A veces caminaba millas para llegar a un concurso, o bien pagaba su pasaje cantando para el conductor.

La familia de Celia siempre se emocionaba cuando ella estaba en la radio. Todos menos su padre. Un día, él le dijo que no le gustaba su decisión de cantar. Celia se sintió herida, pero su madre le dijo: "No le hagas caso... simplemente sigue haciendo lo que haces, que yo me ocuparé de él".

Celia comenzó a cantar con bandas locales y en fiestas. Por lo general no le pagaban por estos espectáculos, pero le gustaba actuar. Cierta vez, cuando Tía Ana la vio cantar, le dio un consejo. Le explicó que el público quería ver lo que ella sentía cuando cantaba. Que no debería usar solo su voz, sino su cuerpo también. Celia se quedaba quieta cuando cantaba, como un asta de bandera. "La próxima vez, quiero verte moviéndote", le dijo Tía Ana. Y Celia comenzó a moverse. Dejó que la música fluyera a través de ella y se balanceaba a

su ritmo. Cuando Celia se graduó de la escuela de magisterio, en 1949, estaba muy orgullosa. Después de la ceremonia, se dirigió a uno de sus profesores y le pidió consejos sobre cómo comenzar su carrera como maestra. Su profesor le dijo: "Celia, Dios te dio un don maravilloso. Con la voz que tienes, puedes ganarte la vida fácilmente. Si consigues una carrera como cantante, podrás ganar en un día lo que gano yo en un mes. No pierdas el tiempo tratando de convertirte en maestra. Viniste a la tierra para hacer feliz a la gente usando tu don".

Celia se sorprendió al escuchar a su profesor hablar de esa manera. Ella también estaba emocionada. ¿Podría realmente pasar su vida haciendo lo que más amaba? ¡Sí! En ese momento, decidió convertirse en cantante. No tuvo más opción que seguir su destino.

CAPÍTULO 3
Avanzando con empeño

Celia se tomó muy en serio su nueva carrera. Comenzó a estudiar en la Academia de Música de La Habana. Su profesor de piano era un conocido compositor, Oscar Muñoz Boufartique. Nunca aprendió a tocar bien el piano. Sus largas uñas se lo impedían. Pero no quería cortárselas. Al final,

no importaba, porque no le gustaba tocar el piano y le encantaba cantar.

Se esforzaba por encontrar trabajo. Su primo Serafín la ayudaba. Cuando le ofrecían un trabajo, Serafín se aseguraba de que le pagaran lo justo. Gracias a todos los concursos que había ganado, muchos programas de radio la contrataban. Celia iba a los estudios CMQ en La Habana, donde se transmitían programas de radio. Se sentaba en el banco de la recepción con los artistas que tenían trabajo ese día.

Pasaba muchas horas sentada en aquel banco, esperando. Allí, estudiaba a los demás artistas para ver qué podía aprender de ellos. Todos fueron muy amables y serviciales con ella.

Myrta Silva

Hizo grandes amigos mientras estaba sentada en aquel banco. Los artistas lo llamaban el "Banco de los Sueños" porque pasaban mucho tiempo allí imaginando cuál sería su futuro. Celia soñaba a menudo con actuar con famosos artistas cubanos. Uno de sus grupos favoritos era La Sonora Matancera. Su cantante, Myrta Silva, era de Puerto Rico. ¡A Celia le encantaba la idea de poder cantar con aquel grupo!

Celia tuvo la oportunidad de actuar con muchas otras bandas. En 1950, incluso llegó a hacer un disco por primera vez con un grupo llamado Puchito. No fue un gran éxito, pero solo el hecho de grabar, fue una experiencia nueva y divertida.

Un día, cuando tenía 25 años, Celia conoció a un hombre llamado Roderico "Rodney" Neyra. Él la invitó a formar parte de un espectáculo de danza y música afrocubana llamado *Zunzún babaé*, que significa "bonito pájaro del amanecer." Zunzún es el nombre de un colibrí nativo de Cuba. Celia fue la cantante principal en el espectáculo, cantando guarachas, un tipo de canción cubana.

Roderico "Rodney" Neyra

El espectáculo fue un gran éxito. Se estrenó fuera de la ciudad. Luego se trasladó al cabaré Tropicana en Marianao, un barrio en el oeste de La Habana. Celia pensó que Tropicana era uno de los lugares más bellos que había visto. El cabaré estaba al aire libre, con arcos de vidrio de colores que brillaban bajo las estrellas.

Cabaré Tropicana en Marianao, La Habana

Canciones cubanas

Los ritmos e instrumentos de la música cubana muestran la influencia de muchas culturas, especialmente las de España y África Occidental. Son muy populares en todo el mundo.

Algunos géneros de canciones cubanas conocidas son:

- **Guaracha:** canción divertida y optimista
- **Bolero:** canción romántica, sincera y lenta
- **Son:** canción que combina el sentimiento de las canciones españolas con tambores afrocubanos
- **Guajira:** música del campo que generalmente se toca con una guitarra de seis cuerdas llamada tres
- **Pregón:** es un llamado de un vendedor tradicional cubano musicalizado

Celia Cruz con Las Mulatas de Fuego

Rodney también creó una compañía de baile llamada Las Mulatas de Fuego. Este espectáculo fue contratado para una gira por Venezuela y México, y Celia se fue con ellos como cantante. Nunca se imaginó que cuando fuera mayor conocería el mundo fuera de Cuba. ¡Ahora volaba en aviones y viajaba a otros países!

Cuantos más *shows* hacía Celia, más le

encantaba actuar. Pero su padre todavía no estaba contento con su carrera. Nunca le dijo a nadie que Celia era su hija. Entonces, un día en el trabajo, algunos ferroviarios leían un artículo en el periódico local. "Mira, Simón", dijo uno de ellos. "Esta chica tiene tu mismo apellido".

El padre de Celia leyó el artículo. Hablaba de lo talentosa que era Celia. ¡Ella era tan admirada como cantante como él había imaginado que sería como maestra! A partir de ese día, se mostró orgulloso de su hija, la cantante.

CAPÍTULO 4
La Sonora Matancera

Aunque Celia era ahora una cantante profesional, todavía era una gran fan de su grupo favorito, La Sonora Matancera. Este había sido un grupo popular en Cuba durante mucho tiempo. El nombre se refería al lugar donde se creó, la ciudad de Matanzas. En 1950, se anunció que la cantante de la banda, Myrta Silva, dejaba el grupo para regresar a su país de origen, Puerto Rico. ¡La banda quería hacerle una audición a Celia para reemplazarla! La habían escuchado cantar en la radio.

Celia estaba emocionada, pero nerviosa también. Al llegar al estudio para su audición, la primera persona que vio fue al trompetista del grupo, Pedro Knight. Él le dio un vistazo a la música que Celia había traído para cantar. Esta había sido escrita para una banda de 14 músicos, y La Sonora Matancera tenía solo 9. Su director musical accedió a cambiarla para que se ajustara a la banda. Los músicos querían escuchar a Celia, y estaban dispuestos a ayudarla a dar lo mejor de sí misma en la audición. Celia se fue a casa y

La Sonora Matancera

La Sonora Matancera fue fundada el 12 de enero de 1924 en Matanzas, Cuba, por Valentín Cané y Pablo "Bubu" Vázquez Gobin. Hasta 1925, el estilo de música afrocubana del grupo (canciones influenciadas por los ritmos y la cultura africana) no se tocaba en muchos clubes y hoteles de blancos. Pero, con el tiempo, la banda se hizo popular entre los cubanos blancos y los turistas blancos que

visitaban Cuba desde otros países.

Los músicos tocan una mezcla de música popular bailable, como el son, la guaracha, el bolero y muchos más. La banda ha tenido muchos miembros a lo largo de los años y todavía se presenta hoy en día. ¡La Sonora Matancera ha grabado más de cuatro mil canciones!

esperó dos semanas a que se escribiera la nueva música. Mientras esperaba, se publicó un artículo en el periódico que decía que Myrta Silva iba a ser reemplazada por Celia Cruz. ¡Pero ni siquiera había realizado la audición! Ella seguía trabajando en la estación de radio, y su jefe la despidió cuando oyó el anuncio. Celia llamó al director de La Sonora Matancera, Rogelio Martínez. Él le dijo que viniera a la audición. Con esa audición consiguió el trabajo.

La primera actuación de Celia con La Sonora Matancera fue el 3 de agosto de 1950. Su familia estaba en la primera fila. Estar en la banda fue un sueño hecho realidad, pero algunos fans de Myrta Silva llamaron a la estación de radio y escribieron cartas diciendo que la voz de Celia no se ajustaba a la banda. Las cartas hirieron los sentimientos de Celia, pero se concentró en su trabajo. Aprendió todas sus canciones, llegaba a tiempo a los ensayos y se acopló bien a la banda.

Poco después de comenzar a cantar con La Sonora Matancera, su primo Serafín murió. Serafín siempre había creído en el talento de Celia. La entristecía que él no pudiera verla convertida en la estrella que siempre creyó que podría ser.

Celia grabó dos canciones con la banda que se convirtieron en grandes éxitos. Ella se convirtió en la voz del grupo. De hecho, a la gente le encantaba lo apasionada y fuerte que era su voz. Decían que su voz era cálida como el café con leche.

Celia y la banda producían un nuevo disco cada 3 meses. Juntos, hicieron giras por Haití, América del Sur y México. Le encantaba viajar con la banda, y la banda la amaba. Algunos de ellos la llamaban "Herma", abreviatura de hermana. Todos la trataban como si fueran sus hermanos mayores. Si estaban en un club y alguien trataba de molestarla, la banda estaba allí para protegerla.

De todos los miembros de la banda, el trompetista Pedro Knight era el más cercano a

Celia. Pedro tenía muchas novias, pero Celia era solo su mejor amiga.

Cuando Celia no estaba cantando con la banda, grababa canciones comerciales cortas para anuncios de televisión y radio. Sin embargo, nunca apareció en los comerciales, ya que solo las personas blancas aparecían en la televisión.

Así que la voz de Celia era doblada: primero hacía una grabación de la canción y luego una

actriz sincronizaba los labios durante la filmación del anuncio. Celia grabó canciones publicitarias cortas para: jabón, ron, Coca-Cola, cigarros, queso, colonia, café, refresco de piña y cerveza.

Por primera vez en su vida, Celia estaba ganando suficiente dinero para ayudar a su familia y también para darse el gusto de comprarse algunas cosas. Tenía fans en toda Cuba, y su música se tocaba en muchos otros países, entre ellos, los Estados Unidos. Su vida se estaba volviendo más emocionante de lo que jamás hubiera soñado que podría ser, ¡incluso mejor que ser la Reina del Carnaval!

CAPÍTULO 5
Una nueva Cuba

En 1957, Celia recibió una emocionante invitación. Uno de sus discos fue un gran éxito en los Estados Unidos, donde la música cubana se hacía popular. La canción se llamaba *Burundanga*. Los productores querían otorgarle un disco de oro por ello. Celia fue a la ciudad de Nueva York e interpretó su canción. Mientras estuvo allí, incluso apareció en una película llamada *Affair in Havana* (*Romance en La Habana*).

Cuando Celia regresó a Cuba, recibió la mala noticia de que su madre tenía cáncer. Su padre tampoco estaba bien. Ella trató de ayudar a sus padres todo lo que pudo. Mientras era pequeña, en su casa había poco dinero para la comida o para las demás necesidades.

La situación en Cuba era muy mala. Muchas familias luchaban por ganar suficiente dinero para comer. Pero en 1959, un nuevo líder prometió que garantizaría que todos tuvieran lo que necesitaban. Se llamaba Fidel Castro.

Fidel Castro

La Revolución

En 1952, Fulgencio Batista, un expresidente de Cuba, suspendió las elecciones del país y tomó el poder. Muchos pensaban que a Batista no le importaban los problemas de los cubanos. Había poco trabajo, y la gente luchaba por ganar dinero para comprar alimentos. Batista permitía que las empresas estadounidenses pagaran menos impuestos que las empresas cubanas. A veces no pagaban ningún impuesto. Un pequeño grupo de personas se enriqueció con Batista, pero la mayoría se empobreció y sufrió.

Un joven abogado y activista llamado Fidel Castro acusó a Batista de corrupción. Inició un proceso para sacarlo del poder. Pero Batista controlaba los tribunales y se desechó la petición. Entonces Fidel Castro y su hermano Raúl organizaron una Revolución. Se alzaron con una fuerza de alrededor de 1200 seguidores llamada "Movimiento 26 de Julio". Reunieron armas y atacaron cuarteles del ejército. La Revolución expulsó a Batista y sus partidarios del gobierno en 1959. Fidel Castro y sus hombres tomaron el poder.

Al llegar Castro al poder, los nuevos funcionarios querían dar más derechos a los más pobres, a los negros y a las mujeres. Pero también querían controlar más a la gente. Esto significaba menos libertad para los cubanos, entre ellos los artistas como Celia. Ella no confiaba en el nuevo líder. Cierta vez actuaba en una fiesta a la que asistía Castro, y le dijeron que él quería conocerla. Ella se quedó junto al piano y no fue a verlo. Si Fidel quería conocerla, que viniera a saludarla como cualquier otro invitado. Castro se molestó, pues no estaba acostumbrado a que le dijeran que no.

Celia sentía que el gobierno de Castro quería controlarlo todo, incluso la vida personal de las personas. La gente podría meterse en problemas por hablar en contra del gobierno, incluso en privado. Todos tenían miedo de ser castigados por no apoyar la Revolución.

Celia no cedería a esa presión. A veces los

agentes del gobierno tocaban a su puerta por la noche. Tenían la orden de llevar a Celia para que actuara para funcionarios del gobierno. Entonces, ella se escondía mientras su hermano, Bárbaro, nerviosamente les decía a los agentes que no estaba en casa.

En julio de 1960, La Sonora Matancera obtuvo un contrato para actuar en México por unas semanas. Celia estaría fuera del país por un tiempo. Pero no quería estar lejos de sus padres tan enfermos mucho tiempo. Para irse, los miembros de la banda tuvieron que solicitar visas de salida.

Estas les daban permiso para salir del país.

Celia y la banda salieron de Cuba el 15 de julio de 1960. Toda la familia fue al aeropuerto, excepto su padre, que estaba muy enfermo. Cuando Celia subió al avión, miró hacia atrás y le sopló un beso a su madre y a Tía Ana, paradas afuera. Después que el avión había despegado, Rogelio, el director

de la banda, hizo un anuncio. "Muchachos...", comenzó. Celia notó que algo andaba mal. La miró directamente a los ojos y dijo: "Este es un viaje sin regreso". Él sabía que si regresaban a Cuba, Castro nunca les permitiría salir de nuevo. Así, sin decírselo a la banda, Rogelio había decidido que tenían que huir para siempre.

Celia estaba en estado de *shock*. Miró por la ventanilla. Su amada Cuba se había ido. Tenía 34 años. Había dejado atrás a su familia. Y era posible que nunca más volviera a ver a ninguno de ellos.

CAPÍTULO 6
Sin vuelta atrás

En la Ciudad de México, Celia estaba desconsolada porque no podía ir a casa o ver a su familia. Poco después de llegar, Celia pudo llamar a su casa y se enteró de que su padre había fallecido. Quería ir a casa a ver a su madre. Pero ella le dijo que se quedara donde estaba. No quería que Celia regresara a Cuba.

En octubre, Castro anunció que todos los cubanos que vivieran en el extranjero tenían que regresar de inmediato si querían seguir siendo ciudadanos de Cuba. Celia no volvió a casa.

En 1961, Celia actuó en Los Ángeles. Y cuando terminó allí, consiguió un trabajo en Nueva York, donde decidió quedarse. Muchos músicos, cantantes y fans latinos vivían en Nueva York. Más tarde se le unieron los miembros de La Sonora Matancera y Las Mulatas de Fuego. Juntos recorrieron otras ciudades, entre ellas Miami y Chicago. En 1966, el gobierno de los EE. UU. anunció que los cubanos que habían huido del gobierno de Castro podían permanecer en el país permanentemente.

En Cuba, Castro prohibió la música de Celia en todas las estaciones de radio. Como Celia lo había desafiado y abandonado el país, él quería borrarla de la cultura cubana y de la historia de Cuba. Creía que escucharla cantar era peligroso porque otros podrían seguir su ejemplo, rechazar su liderazgo y tal vez querer irse de Cuba.

Ciudades de EE. UU. que Celia visitó en su gira de 1961

Celia disfrutaba su gira por los EE. UU., pero se preocupaba por su familia en Cuba. Hablaba con su madre y con Tía Ana por teléfono siempre que podía. Su madre se sentía débil. A veces estaba demasiado cansada para hablar. Pero nunca le pidió a Celia que fuera a verla. No quería que se arriesgara a regresar a Cuba.

Todos en La Sonora Matancera sabían cuánto extrañaba Celia a su familia y cómo se preocupaba por su madre. Trataban de animarla, sobre todo Pedro, que era su mejor amigo. Pasaban mucho tiempo juntos. Pedro perdió todo interés en las novias con las que solía salir. Prefería pasar tiempo con Celia. Un día, 12 años después de haberse conocido, Pedro le dijo a Celia que tenía un problema. "Creo que me estoy enamorando de mi mejor amiga", le dijo.

"¿Y por qué no le dices a tu mejor amiga lo que sientes?", le preguntó.

"Porque no quiero perder su amistad".

"Pero Pedro", dijo Celia, "si ella es tu mejor amiga, ¿no crees que te conoce lo suficientemente bien? ¿Por qué tendrías que perderla?".

Pedro tomó la mano de Celia y la besó por primera vez. A partir de ese momento, Celia supo que su corazón le pertenecía a él.

Fidel Castro (1926–2016)

Fidel Alejandro Castro Ruz nació en Birán, Cuba. Su padre era un hacendado rico. Fidel estudió derecho en la Universidad de La Habana. Allí, se unió a grupos estudiantiles que pensaban que había que derrocar el gobierno. Fidel dirigió un ataque a un cuartel del ejército el 26 de julio de 1953. Fue arrestado y encarcelado durante más de un año. Cuando salió, fue a México y formó el Movimiento 26 de Julio con su hermano Raúl y el Che Guevara. Fue el líder de la Revolución Cubana. Y cuando triunfó en 1959, se convirtió en el Primer Ministro de Cuba. En 1976, se autoproclamó Presidente de Cuba después de la adopción de una nueva constitución cubana.

Ocupó ambos cargos hasta que se retiró en 2008. Falleció el 25 de noviembre de 2016.

El 7 de abril de 1962, Celia se preparaba para actuar con La Sonora Matancera en el Teatro Puerto Rico de Nueva York. Al regresar de arreglarse las uñas, escuchó a Pedro hablando con alguien por teléfono. Lo escuchó decir: "Mira, la madre de Celia falleció anoche, pero ella todavía no lo sabe". Pedro acababa de recibir la noticia y

estaba pensando cómo decírsela.

Celia salió corriendo de la habitación. Pedro corrió tras ella. "No quería que sufrieras tanto", le dijo. A pesar de eso, actuó en el espectáculo esa noche. No quería decepcionar a la audiencia. Pero lloraba entre las canciones.

Celia hizo una solicitud al gobierno cubano

para que se le permitiera ir a casa para el funeral de su madre. Pero Fidel Castro nunca la había perdonado por desafiarlo al abandonar el país. No le gustaba que nadie lo desafiara, especialmente cuando le ganaban. Él le negó su solicitud. Celia tampoco lo perdonaría.

CAPÍTULO 7
Celia y Tito

Apenas unos meses después de la muerte de su madre, Celia se convirtió en la primera latina en actuar en el *Carnegie Hall*, una de las salas de conciertos más famosas de Nueva York. Actuó con otra estrella latina, Tito Puente.

¿Latino o hispano?

Latino/latina/latinx e hispano son palabras que se usan a menudo para describir a las personas de Cuba. Muchas personas piensan que estas palabras significan lo mismo, pero no es así.

Latino, latina y latinx son términos que se refieren al lugar de donde es alguien o la familia de alguien. Todos significan que son de América Latina. América Latina incluye todos los países de habla hispana en América del Norte, Central y del Sur, y Brasil.

Hispano se refiere al idioma español. Si una persona o su familia proviene de un lugar donde se habla español, se dice que es hispano.

Hay mucha superposición entre los dos grupos, pero no son lo mismo. Una persona de España es hispana porque habla español. Pero no es latina porque España está en Europa.

Una persona de Brasil es latina porque Brasil está en Latinoamérica. Pero no es hispana porque en Brasil se habla el portugués.

Celia era hispana y latina.

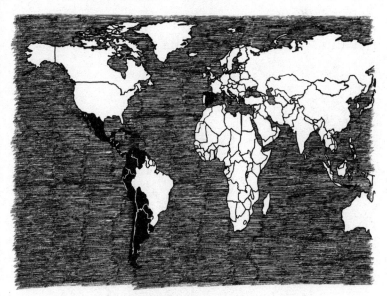

Países de habla hispana

El 14 de julio de 1962, Celia y Pedro se casaron en Greenwich, Connecticut. Celia dijo: "Pedro, eres mi amigo, mi hermano y mi primo. Eres la única familia que me queda". Fue una ceremonia sencilla, solo estaban presentes: Celia, Pedro y tres amigos cercanos.

Al año siguiente, la hermana de Celia, Gladys,

obtuvo permiso del gobierno cubano para viajar a México. Una vez allí, Pedro y Celia hicieron arreglos para que viniera a los EE. UU. Celia estaba encantada de tener al menos una persona de su familia con ella en Nueva York.

Celia era cada vez más popular en los EE. UU. Y ya en 1965, ¡había estado cantando con La Sonora Matancera durante 15 años! Quería probar algo nuevo. Así que dejó la banda para trabajar con Tito Puente.

Pedro estuvo de acuerdo con la decisión de Celia de salir de La Sonora Matancera. De hecho, él también se fue. Los dos viajaron por todo EE. UU. y América Latina. A ella le encantaba actuar con Tito y otros cantantes latinos, especialmente exiliados cubanos, otras personas a las que también se les había prohibido regresar a Cuba.

Tito Puente (1923-2000)

Ernesto Antonio "Tito" Puente nació en Nueva York. Sus padres eran inmigrantes de Puerto Rico. Creció en un barrio llamado *Spanish Harlem*. Cuando los vecinos se quejaron de que Tito, de 7 años, siempre hacía ruido golpeando ollas y sartenes, su madre lo llevó a un profesor de piano. A los 10 años, cambió a la batería. Sirvió en la marina en la II Guerra Mundial y luego estudió música en The Juilliard School en Nueva York. En la década de 1950, introdujo la música afrocubana y caribeña al público estadounidense y fue llamado "*The Kettledrum King*" (El Rey Kettledrum) y "*The King of Latin Music*" (El Rey de la Música Latina).

Pero Celia se sentía incómoda actuando con artistas cubanos que aún vivían en Cuba y apoyaban al gobierno de Castro. Castro les daba permiso a estos artistas para salir de Cuba a actuar en otros países y luego regresar al país. Celia se negó a cantar en el mismo escenario con ellos. No quería que usaran su popularidad para ganar dinero que luego llevaran a Cuba para apoyar a Castro. Era tan simple como eso.

CAPÍTULO 8
¡Azúcar!

Celia interpretaba canciones tradicionales de diferentes países latinos. Había estado actuando durante muchos años, y cuando miraba a la audiencia, notaba que todos eran mayores. Y las audiencias eran cada vez más pequeñas. ¿Sería que la música de Celia era demasiado anticuada?

Los jóvenes de la década de 1970 estaban más interesados en el *Rock 'n' roll* y la música bailable, como la disco. Los latinos o hispanos sabían quién era Celia Cruz. Era famosa en todo el mundo de habla hispana. Sus padres la amaban a ella y a su música. Pero para los jóvenes en EE. UU., esta música era para la generación anterior. La música cubana no se consideraba *cool*.

Canciones tradicionales latinas

Hay muchos países en América Latina y el Caribe. Cada uno tiene su propia tradición musical:

- **Cumbia colombiana:** Este estilo de música comenzó como una danza de cortejo entre la población africana en las costas de Panamá y Colombia.

- **Bomba puertorriqueña:** Bomba es una mezcla de tres culturas diferentes de Puerto Rico: africana, española y taína. Los bailadores de bomba intentan conectar su baile con el ritmo del baterista.

- **Merengue dominicano:** El merengue apareció por primera vez en el Caribe en la década de 1850. Se tocaba con instrumentos de cuerda y luego con acordeón.

- **Ranchera mexicana:** Este estilo se basa en

Merengue dominicano

la música folclórica mexicana. Los temas tradicionales en las canciones son el amor, el patriotismo y la naturaleza.

- Corrido mexicano: Este tipo de canción cuenta una historia sobre la vida cotidiana de los trabajadores. Antes de la televisión y la radio, muchas personas se enteraban de las noticias escuchando corridos.

Si la generación más joven quería algo nuevo, Celia no veía por qué no podía **hacer** algo nuevo sin dejar de ser ella misma. Comenzó a trabajar con Johnny Pacheco, un flautista dominicano. En 1964, Johnny fundó una compañía discográfica para un nuevo tipo de música latina llamada salsa. Incluía la música tradicional de muchos países y estilos diferentes, pero se tocaba con instrumentos electrónicos más contemporáneos. La salsa sonaba moderna. Hizo que la gente se moviera a su ritmo.

Celia podía cantar las canciones que amaba mientras experimentaba con nuevos estilos como la música disco. En 1974, lanzaron un sencillo llamado *Quimbara* que fue un gran éxito. *Quimbara* era una palabra inventada basada en el nombre de un dios africano.

La canción trataba sobre un baile llamado

Johnny Pacheco (1935–)

Juan "Johnny" Azarías Pacheco Kiniping nació el 25 de marzo de 1935 en Santiago de los Caballeros, República Dominicana. Su padre era director de orquesta. Cuando tenía 11 años, su familia se mudó a Nueva York. Estudió acordeón, violín, flauta, saxofón y clarinete. Formó su propia banda en 1959.

En 1964, comenzó *Fania Records* con el promotor musical Jerry Masucci y luego usó la palabra salsa para describir un nuevo tipo de música. En 1968, se convirtió en director musical de la banda *Fania All-Stars* para promocionar a los intérpretes del sello discográfico. Ha grabado y compuesto más de 150 canciones. Es uno de los músicos más influyentes de la música latina.

rumba. La letra dice: "¡Ay, si quieres gozar, si quieres bailar/ Quimbara, cumbara cumba quimbambá!"

La salsa se tocaba en clubes nocturnos y era ideal para bailar. A algunos intérpretes latinos, como Tito Puente, nunca les gustó esta nueva palabra musical, que también era el nombre de una salsa picante. Tito hizo reír a Celia cuando le dijo: "Comes salsa, no la bailas".

Como la mejor intérprete femenina de *Fania Records*, Celia se hizo conocida como la Reina de la Salsa. Junto con *Quimbara*, tuvo grandes éxitos con canciones como *Toro mata* y *Cúcala*. Le encantaba la palabra salsa. Cualquier cosa que hiciera bailar a la gente con su amada música cubana era muy querida por su corazón, y a los jóvenes les encantaba la salsa. Se trataba del ritmo. Una vez más, las entradas para los conciertos de Celia se agotaban.

Celia se estaba haciendo famosa no solo por su

música de salsa sino también por su ¡Azúcar! En una actuación, antes de cantar, Celia contó una historia de una ocasión en que estuvo en Miami tomando café. La camarera le preguntó si quería azúcar. Ella le dijo que por supuesto, que ¡era cubana! Que los cubanos siempre tomaban café con azúcar. A sus fans les encantó tanto la historia que comenzó a contarla una y otra vez. En lo adelante, Celia siempre gritaría ¡Azúcar! antes de comenzar a cantar. Para ella, la palabra significaba todo lo que amaba de Cuba y de ser cubana.

El ritmo de la salsa de Celia no era tan diferente del ritmo de la música disco. Ambos se tocaban

en clubes nocturnos donde la gente iba a bailar. Celia encajaba perfectamente en el mundo de la discoteca. Era glamoroso, llamativo y divertido. Los pisos de una discoteca se iluminaban bajo los pies de los bailadores. La luz que se reflejaba en las bolas espejadas giratorias que colgaban de los techos brillaba en las paredes.

Celia lucía vestidos de colores brillantes con lentejuelas, pelucas elegantes y maquillaje intenso. Sentía que finalmente había alcanzado su sueño de Carnaval y el mundo había coronado a su reina.

CAPÍTULO 9
Ciudadana del Mundo

En el otoño de 1974, Celia viajó a África por primera vez. El viaje significó mucho para ella ya que sus antepasados eran esclavos llevados de África a Cuba. Cuando se bajó del avión en la República de Zaire (ahora República Democrática del Congo), recogió un puñado de tierra en una

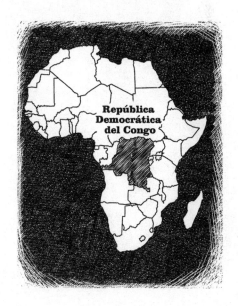

bolsa de plástico como recuerdo. Celia y Johnny Pacheco estuvieron allí para actuar antes de una pelea de boxeo entre Muhammad Ali y George Foreman.

Lourdes Águila

A su regreso a casa desde África, Celia conoció a Lourdes Águila, en Miami. Lourdes trabajaba para una organización benéfica que recaudaba dinero para la investigación del cáncer. Ella organizaba un teletón anual para recaudar fondos. Como su madre había muerto de cáncer, Celia prometió no solo actuar en el teletón ese año, sino todos los años posteriores.

El retumbar de la selva

En 1974, George Foreman fue el campeón mundial de boxeo de peso pesado. Muhammad Ali, un excampeón, quería recuperar el título. El 30 de octubre de 1974, los dos púgiles se enfrentaron en Kinshasa, la capital de Zaire. El evento atrajo la atención mundial. Hubo un festival de música de tres días antes de la pelea, que se llevó a cabo a las 4:00 a. m. para que los fans de otros países pudieran verla en vivo, por televisión. Alrededor de 60 000 personas asistieron al combate de boxeo. Ali ganó la pelea, noqueando a Foreman en el octavo asalto. Apodada The "Rumble in the Jungle" (El retumbar de la selva), la pelea fue calificada como "el mayor evento deportivo del siglo XX".

Muhammad Ali golpea a su oponente, George Foreman

Durante el teletón en 1977, Celia actuó con una banda llamada *Miami Sound Machine*. En Miami, conoció a su cantante principal, Gloria Estefan y a su esposo Emilio, un músico, cantante y productor nacido en Cuba.

Celia y Pedro habían sido residentes permanentes de los EE. UU. durante muchos años. Pero en 1977, se convirtieron en ciudadanos.

La ceremonia de juramentación fue en un tribunal del centro de Brooklyn. Celia estaba tan feliz de ser ciudadana americana, que gritó de alegría, ¡y un policía corrió hacia ella, pensando que le pasaba algo! Nueva York había dado la bienvenida a Celia como una de las suyas, y amaba la ciudad por ello.

Gloria Estefan

Gloria María Milagrosa Fajardo García nació el 1 de septiembre de 1957 en La Habana, Cuba. Su familia emigró a los EE. UU. cuando ella era pequeña. Creció en Miami y se convirtió en la cantante principal de *Miami Sound Machine*. En 1978, se casó con el director de la banda, Emilio Estefan, y se hizo conocida como Gloria Estefan.

El grupo tuvo su primer gran éxito con la canción *Conga* en 1985. Entre otros éxitos estaban: *Anything for You*, *1-2-3* y *Rhythm Is Gonna Get You*. En 1990, Gloria resultó gravemente herida cuando el autobús de la gira del grupo chocó, pero se recuperó y comenzó a actuar de nuevo menos de 6 meses después. En 2015, se estrenó en Nueva York el musical de Broadway *¡On Your Feet!* (basado en las vidas de Gloria y Emilio).

En 1982, Celia estaba de vuelta en Miami, actuando para el teletón. Por la noche, estando en el hotel, recibió una llamada telefónica de un extraño, un niño de 12 años. Su nombre era Luisito Falcón. Le dijo a Celia que su tía y él eran grandes fanáticos y admiradores de ella. Un amigo de su madre le había dicho dónde se alojaba Celia, por lo que Luisito llamó al hotel y pidió que lo conectaran por teléfono a su habitación.

Celia estaba feliz por la llamada a pesar de que era muy tarde en la noche. Desde entonces, ella y Luisito hablaron por teléfono a menudo. Celia le enviaba postales desde donde estaba actuando. Le pidió a él que le enviara sus calificaciones para asegurarse de que se mantenía al día con sus tareas escolares. Celia y Luisito no se conocieron hasta un año después.

En 1985, Celia fue a una fiesta de Navidad donde conoció a Omer Pardillo-Cid, de 14 años. Omer era su fan desde que tenía 6 años y vivía en Cuba. Debido a que su música estaba prohibida en la radio allí, Omer escuchaba sus discos que la gente había guardado en secreto.

A pesar de que Castro había tratado de que el pueblo de Cuba olvidara a Celia, la habían mantenido en sus corazones. Su música siguió viva. Celia estaba muy orgullosa de la gente de su país por escuchar la música que amaban, y por no olvidarla. No solo mantuvieron sus viejos discos, sino que introdujeron clandestinamente sus nuevas grabaciones en el país.

Celia y Pedro nunca tuvieron hijos propios. Pero Omer y Luisito se convirtieron en su familia, como los hijos que nunca tuvieron.

En 1987, Celia fue honrada con una estrella en el Paseo de la Fama de Hollywood. El Paseo es un tramo de 15 cuadras de Hollywood Boulevard y 3 cuadras a lo largo de Vine Street, en Los Ángeles, donde los artistas famosos son honrados con estrellas incrustadas en la acera.

Y al año siguiente, fue nombrada gran mariscala del Desfile del Día de Puerto Rico en Nueva York. Es un desfile anual muy importante para los puertorriqueños. Con frecuencia honran a otros artistas latinos e hispanos. Cuando era una niña, Celia había soñado con ser la Reina del Carnaval en La Habana, ¡pero ni siquiera ella podía imaginarse liderando un desfile tan grande celebrando la cultura y la música latinas en los EE. UU.!

CAPÍTULO 10
Celia para siempre

En 1992, Celia actuó en la película *The Mambo Kings* (*Los reyes del mambo*). Interpretó a la dueña de un club que también era cantante y adivina. Luego, le ofrecieron un papel en la película, *The Perez Family* (*La familia Pérez*), sobre un grupo de refugiados cubanos en los EE. UU.

Celia también apareció en telenovelas.

Las telenovelas

Las telenovelas son programas de TV cuyas historias se desarrollan durante muchos episodios. Se producen en muchos países de América Latina, pero también se han vuelto populares en todo el mundo. Son conocidas por tener giros de trama sorprendentes y mucho romance. Son muy parecidas a las telenovelas estadounidenses, pero rara vez duran más de un año. Una de las más populares fue *Yo soy Betty, la fea*. La versión original fue filmada en Colombia y transmitida desde 1999 hasta 2001, luego se han hecho versiones en 19 países. En los EE. UU., *Ugly Betty* duró desde 2006 a 2010.

Celia interpretó a una adivina una vez más en *Valentina,* una telenovela de 1993 que se filmó en la Ciudad de México. La serie fue un éxito en todo el mundo. Celia no podía creerlo cuando escuchó que el programa incluso se transmitía en Rusia. ¡No podía imaginar cómo sonaría su personaje hablando ruso!

Celia Cruz como Lecumé en la telenovela *Valentina*

Más tarde, Celia apareció en la serie *Souls Don't Have a Race* (*Las almas no tienen raza*); interpretó a la madre negra de una mujer que se hacía pasar por blanca. Estaba orgullosa de estar en una serie que contaba una historia sobre el racismo.

Cuando el siglo XX llegó a su fin, en 1999, Celia grabó su septuagésimo sexto álbum, *Celia Cruz and Friends: A Night of Salsa* (*Celia Cruz y sus amigos: Una noche de salsa*).

El año siguiente trajo alegría y tristeza. Su hermano, Bárbaro, la pudo visitar en Nueva York. Pero, tanto su amigo Tito Puente como su Tía Ana murieron ese mismo año.

En junio, el álbum de salsa de Celia ganó un Grammy. Actuó en la entrega de los premios con una peluca azul brillante. A Celia le gustó tanto que comenzó a usar pelucas de color caramelo.

Usó una peluca naranja para hacer un video de

rap-salsa para una canción llamada *La negra tiene tumbao*, que significa "que tiene ritmo". Celia nunca había trabajado con raperos, pero su marca de salsa encajaba de forma natural con el sonido moderno de estos.

Video musical de *La negra tiene tumbao*

La letra de su canción incluía palabras como: "La mujer negra camina con gracia y no se hace a un lado".

Celia había sido una estrella por más de 50 años. Muchos en la industria querían honrarla por tantos años alegrando a los demás. La revista *Billboard* hizo un número especial en su homenaje. Su canción de salsa-rap *La negra tiene tumbao* fue nominada a cuatro Grammy Latinos: mejor disco y mejor video, y el álbum del mismo título fue nominado como álbum del año y ganó como mejor álbum de salsa.

Celia Cruz interpreta *La negra tiene tumbao* en los Grammy Latinos

En noviembre de 2002, Celia y Pedro viajaron a México para un concierto en su honor llamado Cincuentenario de la Carrera Musical de Celia

Cruz. Pedro la sorprendió al unírsele en el escenario para cantar a dúo. Ella estaba emocionada, pero de pronto se sintió muy cansada. No recordaba la letra de la canción. Sabía que algo andaba mal.

La pareja voló de regreso a Nueva York y Celia fue al médico. Tenía un tumor cerebral. Hizo una declaración a la prensa agradeciendo a sus fans por ser tan leales. Les dijo que estaba enferma, pero no compartió todos los detalles. Pasó la mayor parte de su tiempo rodeada de las personas que amaba: Pedro, Gladys, Omer, Luisito, primos y amigos en los Estados Unidos.

A pesar de que estaba enferma, Celia quería hacer lo que amaba: cantar. Comenzó a trabajar en un nuevo álbum, *Regalo del alma*. Incluso pudo viajar a Miami en febrero de 2003 para un gran concierto en su homenaje, organizado por Telemundo, la cadena de televisión en español en EE. UU. Decenas de estrellas actuaron, entre ellas Gloria y Emilio Estefan, y la reina de la música disco Gloria Gaynor.

Después del concierto, Celia y Pedro regresaron a Nueva York. Estaba cada vez más débil, pero siempre feliz cuando sus amigos venían a verla. El 13 de julio de 2003, recibió copias de las primeras canciones que había grabado para el nuevo álbum.

El 14 de julio de 2003 fue el cuadragésimo primer aniversario de bodas de Celia y Pedro. Ya Celia estaba muy débil. Pedro le preguntó si sabía qué día era. No podía hablar, pero una lágrima

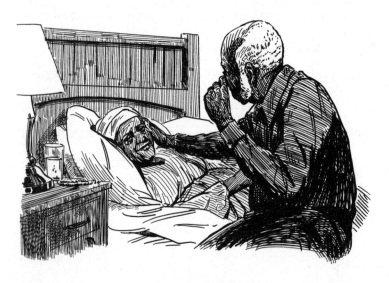

rodó por su mejilla. Ella sí lo sabía.

Celia murió dos días después. Se celebraron funerales tanto en Nueva York como en Miami, dos ciudades que la habían reclamado como

propia. En toda Cuba se celebraron misas en su honor. Aparecieron grafitis en todo el país. Solo con una palabra: ¡Azúcar!

Fidel Castro envió a la policía a borrar las palabras. Pero cada vez que lo hacían, aparecían más azúcares. Castro no pudo silenciar a sus fans más de lo que pudo silenciarla a ella.

Celia Cruz nunca pudo volver vivir en Cuba. Pero en 1990, actuó para los soldados estadounidenses en la Base Naval de Guantánamo, un campo de detención de EE. UU. que está en un pedazo de tierra que pertenece a Cuba. Cuando llegó a Guantánamo, besó el suelo y dijo: "Beso la tierra en nombre de todos los cubanos del exilio". Celia puede haberse ido de Cuba, pero su pueblo la mantuvo en sus corazones. Aún más, ella llevó el corazón de Cuba al mundo entero.

¡Azúcar!

Cronología de la vida de Celia Cruz

1925	Celia Cruz nace en La Habana, Cuba, el 21 de octubre
1947	Matricula en una escuela de magisterio, en la Habana
1950	Se une a La Sonora Matancera
1957	Visita los Estados Unidos por primera vez
1960	Sale de Cuba para siempre, el 15 de julio
1962	Se casa con Pedro Knight
1965	Comienza a trabajar permanentemente con Tito Puente
1972	Canta en el *Radio City Music Hall* con otros exiliados cubanos
1974	Se presenta en Zaire, África, como parte del combate de boxeo *"El retumbar de la selva"*
1977	Se convierte en ciudadana estadounidense
1986	Gana su primer Grammy, a la Mejor Interpretación Latina Tropical, con su álbum *Ritmo en el corazón*
1987	Obtiene una estrella en el Paseo de la Fama de Hollywood
1988	Aparece en un especial de *Sésamo Street*
1992	Aparece en la película *The Mambo Kings*
1993	Aparece en la telenovela *Valentina*
2003	Muere en Fort Lee, Nueva Jersey, el 16 de julio

Cronología del Mundo

- 1925 — Se publica el primer número de la revista *The New Yorker*, el 21 de febrero
- 1929 — El personaje de Popeye el Marinero aparece por primera vez en una tira cómica de periódico
- 1933 — Se inaugura el primer autocine en Camden, Nueva Jersey
- 1938 — Se descubre petróleo en Arabia Saudita
- 1946 — Los primeros bikinis salen a la venta en Francia
- 1948 — Israel es declarado un estado independiente
- 1953 — Sir Edmund Hillary y Tenzing Norgay son los primeros en llegar a la cima del Monte Everest, el 29 de mayo
- 1969 — Neil Armstrong es el primer humano en caminar sobre la Luna, el 20 de julio
- 1978 — Primera moneda de 1 dólar Susan B. Anthony es acuñada en los EE. UU.
- 1985 — Microsoft lanza la primera versión de Windows
- 1989 — Se estrena *Los Simpson*, el 17 de diciembre
- 1993 — La *World Wide Web* se desarrolla en Suiza
- 2004 — Estados Unidos aterriza con éxito dos robots de exploración en Marte

Bibliografía

***Libros para jóvenes lectores**

*Brown, Monica, illustrated by Rafael López. *My Name Is Celia: The Life of Celia Cruz.* Flagstaff, AZ: Rising Moon, 2004.

*Chambers, Veronica, illustrated by Julie Maren. *Celia Cruz, Queen of Salsa.* New York: Dial Books for Young Readers, 2005.

Celia Cruz, An Extraordinary Woman . . . Azúcar!, DVD, 2003.

Celia the Queen, DVD, 2009.

Cruz, Celia, with Ana Christina Reymundo. *Celia: My Life: An Autobiography.* New York: HarperCollins, 2004.

*Da Coll, Ivar. *Azúcar!* New York: Lectorum Publications, 2005.

Farber, Samuel. "Cuba Before the Revolution." *Jacobin*, September 6, 2015. https://www.jacobinmag.com/2015/09/cuban-revolution-fidel-castro-casinos-batista.

LaHabana.com. "A History of the Havana Carnival from 1573 to Today." 2018. http://www.lahabana.com/Vintage/article_tropicana.php?id=The-Havana-Carnival-1573-to-2012.

Marceles, Eduardo. *Azúcar! The Biography of Celia Cruz.* New York: Reed Press, 2004.

Rodriguez-Duarte, Alexis. *Presenting Celia Cruz.* New York: Clarkson Potter, 2004.

*Sciurba, Katie, illustrated by Edel Rodriguez. *Oye, Celia! A Song for Celia Cruz.* New York: Henry Holt, 2007.